辞書を引こう

★ 辞書を使って，次の文に含まれる appointments の意味を調べてみよう。

I had many appointments yesterday.

STEP 1 変化している語は元の形にしよう

❶ 複数形は単数形に　　　　appointments ➡ appointme

❷ 動詞は原形に　　　　　　uses ➡ use，used ➡ use

❸ 比較級・最上級は原級に　busier ➡ busy

JN102712

STEP 2 アルファベット順に単語をさがそう

| 辞書の横についているアルファベットを見て，最初の文字のaの部分を開こう。 | 開いたページのいちばん上の単語の2番目の文字と，調べたい単語の2番目の文字pを比べよう。 | なければほかのページへ。あったら3番目の文字同士も比べよう。 | そのページが見つかったら，その中でさがそう。 |

STEP 3 辞書の表記を確認しよう

見出し語　　発音記号・アクセント　　例文と訳

意味

ap・point・ment　[əpɔ́intmənt]

記号

名	名詞	C	数えられる名詞
U	数えられない名詞		
代	代名詞	動	動詞
形	形容詞	副	副詞
前	前置詞	接	接続詞

名 ❶ U 　任命，指名：We approved of the *appointment* of Mike as captain. 私たちはマイクをキャプテンに任命することに賛成した。

❷ C U 　（面会の）**約束**，（医師などの）予約：I *made an appointment with* Mr. Brown.　私はブラウン氏と会う日時を決めた。

by appointment　（日時を）約束したうえで，予約したうえで

関連熟語と訳

TRY ★ 辞書を使って次の単語の品詞と意味を調べて，（　　）内に書きなさい。

⑴ imitate　　（品詞：　　　　　意味：　　　　　　　　　　　　）

⑵ cereal　　（品詞：　　　　　意味：　　　　　　　　　　　　）

⑶ accurate　（品詞：　　　　　意味：　　　　　　　　　　　　）

⑷ thoroughly　（品詞：　　　　　意味：　　　　　　　　　　　　）

1 ジムの日本でのホームステイ

ジム（Jim）が自己紹介をしています。

📖 読むときのコツ　自己紹介

自己紹介をする文では，次のことがらがよく述べられます。
① 名前　② 出身地　③ 趣味や得意なこと　④ 身の回りのこと　⑤ 夢，将来について
これらの情報を整理しながら読みましょう。

1 I'm Jim. // I'm an exchange student / from Canada. // I came to Hiroshima City / last fall. // The Japanese lifestyle / is new / to me. // I'm really enjoying my life / in Japan. //

5　**2** I am staying / at the Suzukis. // **There are** three people / in their family. // Akira **is** a high school student. // He **tells** me a lot of things / about Japan / in English and in easy Japanese. //

3 Mrs. Suzuki **is** good at cooking. // She sometimes **makes** good *okonomiyaki* /
10　for me. //

4 Mr. Suzuki is an English teacher. // When my English **is** difficult / for Akira, / he **helps** us. //

5 I'm going to leave Japan / in July. // But, / I **want** to stay here / longer! //

(106 words)

（注）　³be new to ... …にとって目新しい　　⁵the Suzukis 鈴木さん一家　　⁹*okonomiyaki* お好み焼き
　　　　¹³longer より長い間

内容を確認しよう

💬 本文の内容と合っていれば○を，合っていなければ×を（　　）に書きなさい。

(1) ジムはカナダ出身の交換留学生である。　　　　　　　　　　　　　（　　　）

(2) ジムは昨年の夏に広島市に来た。　　　　　　　　　　　　　　　　（　　　）

(3) ジムは３人家族だ。　　　　　　　　　　　　　　　　　　　　　　（　　　）

(4) アキラはジムに日本に関することをたくさん教える。　　　　　　　（　　　）

(5) ジムは今度の秋に日本を離れる予定だ。　　　　　　　　　　　　　（　　　）

文法 のまとめ　動詞の現在形

- **be-動詞の現在形**：「…である」「…いる」という意味を表す。be-動詞の現在形は，主語の人称によって am，is，are を使い分ける。
  - ▶ **I'm** an exchange student from Canada.　私はカナダからの交換留学生です。
  - ▶ Akira **is** a high school student.　アキラは高校生です。
- **一般動詞の現在形**：一般動詞の現在形は，主語が３人称・単数のときに -(e)s をつける。それ以外の主語のときは原形（＝元の形）のまま。
  - ▶ I **want** to stay here longer!　私はここにもっと長く滞在したいです。
  - ▶ He **helps** us.　彼は私たちを手伝ってくれます。
- **There is [are] … 〜 . の文**：「〜に…がある [いる]」という意味を表す。be-動詞は，あとに続く名詞が単数か複数かによって決まる。
  - ▶ **There are** three people in their family.　彼らは３人家族です。

EXERCISES

💡 Hints

1　（　　）内から適切なものを選びなさい。

(1) We (am, is, are) good friends.

(2) Aya (am, is, are) in the classroom now.

2　日本語に合うよう，（　　）に適語を書きなさい。

(1) Maki (　　　　　　　) her room every Sunday.
マキは毎週日曜日に部屋を掃除します。

(2) They sometimes (　　　　　　　) tennis in the park.
彼らはときどきその公園でテニスを練習します。

(3) Kyoto (　　　　　　　) a lot of old temples.
京都には古い寺がたくさんあります。

(4) Yuki and I often (　　　　　　　) shopping together.
ユキと私はよく一緒に買い物に行きます。

2
-s [-es] のつけ方
➡ p. 40参照

(1)(3) 主語は３人称・
単数。

(2)(4) sometimes や
often は副詞なので，
動詞の形の変化には
影響しない。

3　日本語に合うよう，（　　）内の語を並べかえなさい。

(1) (a / under / is / there / cat) the desk.　机の下にネコが１匹います。

_____ the desk.

(2) (some / are / on / notebooks / there) the desk.
机の上にノートが何冊かあります。

_____ the desk.

3
それぞれの文の主語は
(1) 「１匹のネコ」
(2) 「何冊かのノート」

辞書 で 確認 しよう　p. 2の本文中の語の意味を辞書で調べて書きなさい。

(1) *l.*1 exchange　名 (　　　　　　　)　　(2) *l.*3 lifestyle　名 (　　　　　　　)

(3) *l.*9 sometimes　副 (　　　　　　　)　　(4) *l.*11 difficult　形 (　　　　　　　)

2 コンクール優勝！

学校新聞が合唱部について報じています。

📖 読むときのコツ　新聞

　新聞には，いつ（when），どこで（where），だれが（who），何を（what），なぜ（why），どのように（how）したのかがよく書いてあります。意識しながら読みましょう。

　また，タイトルと第一段落に要点がまとめられていることが多いので，読み飛ばさないようにしましょう。

Our Chorus Team Won the First Prize!

1 On June 15, / the high school chorus contest **was** held / at Public Hall. // Fifteen chorus teams **joined** the contest, / and our school's team **won** the first prize. //

2 Megumi, / the conductor of the team, / **said**, / "At first, / we **were** very nervous / because every team **was** very good. // But our friends, teachers and family / **supported** us. // So we could do our best." //

3 On August 25, / they will have

another contest / in Osaka. // "We can perform better / with more support. // So, / we will be glad / if many of you / come and see us," / Megumi said. //

4 Why don't you go / and support them? //　　　　(*106 words*)

（注）　¹chorus 合唱　　¹win the first prize 優勝する　　³Public Hall 公会堂　　⁷conductor 指揮者
　　　¹¹,¹⁶,¹⁹support 応援する，応援　　¹²do one's best 全力[ベスト]をつくす　　¹⁵perform 演奏する

内容を確認しよう

🔷 本文の内容と合っている文を２つ選び，記号を書きなさい。　（　　　）（　　　）

ア　高校生の合唱コンクールは６月15日に開催される予定だ。

イ　指揮者のメグミ（Megumi）の言葉が紹介されている。

ウ　メグミのチームは８月25日の合唱コンクールで優勝した。

エ　緊張してしまうので，コンクールに多くの人が来ない方がよいとメグミは思っている。

オ　新聞記事は，合唱コンクールに応援しに行くよう読者に勧める内容で終わっている。

- be-動詞の過去形：「…だった」「…いた」という意味を表す。be-動詞の過去形は，主語が I や 3 人称・単数のときは was を，you や複数のときは were を用いる。
  - ▶ We **were** very nervous. 私たちはとても緊張していました。
- 一般動詞の過去形：動詞の語尾に -(e)d をつける規則動詞と，それぞれの動詞によって異なる過去形をもつ不規則動詞がある。一般動詞の過去形は，人称が何であっても形は 1 つしかない。
  - ▶ Fifteen chorus teams **joined** the contest. 15の合唱チームがコンクールに参加しました。

EXERCISES

Hints

1 ( )内から適切なものを選びなさい。

(1) I (was, were) a junior high school student last year.

(2) The men (was, were) members of the baseball team when they were children.

(3) My grandfather (was, were) a math teacher when he was younger.

2 日本語に合うよう，( )に適語を書きなさい。

(1) I ( ) English in my room last night.
昨夜私は自分の部屋で英語を勉強しました。

(2) Ken and Judy ( ) at the station at eleven.
ケンとジュディは，11時に駅に到着しました。

(3) Tom ( ) TV at home. トムは家でテレビを見ました。

3 日本語に合うよう，( )内の語句を並べかえなさい。ただし，下線部の語を文に合う形になおすこと。

(1) (homework / do / I / my) last night.
私は昨夜，宿題をしました。

_____ last night.

(2) (the CD / buy / Jim) last Saturday.
ジムはこの前の土曜日にその CD を買いました。

_____ last Saturday.

(3) (come / they / school / to) at eight yesterday morning.
彼らは昨日の朝8時に学校に来ました。

_____ at eight yesterday morning.

1
be-動詞の過去形は，主語の人称と数によって決まる。
(1) 主語は1人称・単数。
(2) 主語は複数。
(3) 主語は3人称・単数。

2
過去の文では，動詞を過去形にして表す。
(1) 「勉強する」は study
(2) 「到着する」は arrive
(3) 「見る」は watch

過去形のつくり方
➡ p. 40参照

3
それぞれ過去の文なので，動詞を過去形にして表す。
(➡ p.20，21参照)

(1) I が主語で，そのあとに動詞と目的語が続く文。do は不規則動詞。
(2) Jim が主語で，そのあとに動詞と目的語が続く文。buy は不規則動詞。
(3) come to ... 「…に来る」
come は不規則動詞。

辞書 で 確認 しよう p. 4の本文中の語の意味を辞書で調べて書きなさい。

(1) *l.*3 hold 動 ( ) (2) *l.*4 join 動 ( )

(3) *l.*9 nervous 形 ( ) (4) *l.*16 glad 形 ( )

3 ナンシーからのEメール

ナンシー(Nancy)が滞在中のホテルからケン(Ken)に
メールを送りました。

読むときのコツ **Eメール**

Eメールは，次の順で書かれることがよくあります。

① 宛名　例〈Hi, ＋人の名前.〉(l. 1)，〈Dear ＋人の名前,〉

② 始めのあいさつ(親しい人同士ではよく省略されます。)　③ 本文

④ 終わりのあいさつ　例Take care.「お元気で。」，Bye for now.「さようなら。」(l. 11)

⑤ 送り主の名前

✉ ✕

Hi, Ken. //

I'm sorry / that I didn't answer your call / this morning. //

When you called me, / I **was having** breakfast / at a restaurant / in my hotel. //

After I got back to my room, / I called you back soon. //

5　But you were not at home. // Your mother said / that you would come back late

today. // So I**'m writing** this e-mail. // Do you have anything / to tell me? //

By the way, / **are** you **enjoying** your vacation? //

I**'m having** a great time / in Fukuoka. // Fukuoka has many places / to see. //

I took a lot of pictures. // I**'m sending** you some of them / with this e-mail. //

10　Please enjoy! //

Bye for now. //

Nancy //
(*108 words*)

(注)　²answer (電話に)出る　⁷by the way ところで

内容を確認しよう

本文の内容と合っていれば○を，合っていなければ×を(　)に書きなさい。

(1) ナンシーとケンは今朝，電話で話した。　　　　　　　　　　　　　(　　)

(2) ナンシーは今朝，朝食を食べていない。　　　　　　　　　　　　　(　　)

(3) ケンが家にいないことをナンシーに伝えたのは，ケンのお母さんだ。(　　)

(4) ナンシーは今，福岡を出発しようとしている。　　　　　　　　　　(　　)

(5) ナンシーのメールには，写真が添付してある。　　　　　　　　　　(　　)

文法のまとめ　進行形

- 現在進行形：「〜している」と現在進行中のことを言うときは，〈be-動詞の現在形＋動詞の〜ing 形〉で表す。
  - ▶ I'm writing this e-mail.　　　　　　私はこの E メールを書いています。
  - ▶ I'm having a great time in Fukuoka.　私は福岡でとてもよい時間を過ごしています。
- 過去進行形：「〜していた」と過去に進行中だったことを言うときは，〈be-動詞の過去形＋動詞の〜ing 形〉で表す。
  - ▶ I was having breakfast.　　　　　　私は朝食を食べていました。

EXERCISES

1 次の各文が現在進行形の文になるよう，（　　）内から適切なものを選びなさい。

(1) My brother (am, is, are) helping me now.

(2) I am (make, made, making) some sandwiches now.

(3) They are (swimming, swum) in the sea now.

2 日本語に合うよう，（　　）に適語を書きなさい。

(1) I (　　　　　) (　　　　　　　　) my room now.
　　私は今，自分の部屋を掃除しています。

(2) They (　　　　　) (　　　　　　　) soccer at school then.
　　彼らはそのとき学校でサッカーを練習していました。

(3) My sisters (　　　　　) (　　　　　　　) TV at home then.
　　そのとき私の姉妹は，家でテレビを見ていました。

3 日本語に合うよう，（　　）内の語句を並べかえなさい。ただし，不足している 1 語を補うこと。

(1) (my / running / father) in the park now.
　　私の父は今，公園で走っています。
　　_____ in the park now.

(2) (to / listening / I / music) when he visited me.
　　彼が私を訪ねたとき，私は音楽を聞いていました。
　　_____ when he visited me.

(3) When (to / the park / walking / they), they saw her.
　　彼らが公園に向かって歩いているとき，彼女に会いました。
　　When _____, they saw her.

Hints

1
(1) 現在進行形の be-動詞は，主語の人称と数から適切な語を考える。

2
動詞の〜ing 形のつくり方 ➡ p. 40参照

時制に注意して適切な be-動詞を選ぶ。

3
時制に注意する。

進行形は，動詞の〜ing 形の前に be-動詞をおく。

辞書で確認しよう　p. 6の本文中の語の意味を辞書で調べて書きなさい。

(1) *l.*2 call　名（　　　　　　　　　）　　(2) *l.*5 late　副（　　　　　　　　　）

(3) *l.*7 vacation　名（　　　　　　　　　）　　(4) *l.*9 send　動（　　　　　　　　　）

4 真夏の夜に

ある夏の夜に不思議な出来事が起こりました。

📖 **読むときのコツ** ▶ **物語文**

物語文を読むときは以下のことに注目しましょう。
① 登場人物：整理しながら読みましょう。
② 代名詞　：だれ・何を指すのか考えながら読みましょう。
③ 発言部分：特に会話が続くときは，だれの発言か注意しましょう。

1 A man left his office / around eight. // On his way home, / he saw an old woman. // He spoke to her / because she didn't look well. // The woman said / she had to take

5 medicines / and needed some water. // He ran to a shop / and brought her water. //

2 After taking medicines, / she said, / "Thanks. // How much did it cost?" // The man said, / "You don't have to pay. // Shall I take you home?" // "You're really kind. // I'll give you something. // What is

10 your wish?" // He thought of his wife / working abroad. // But he said, / "Thank you, / but I don't need anything." // Then she smiled, / "I see your wish. // Your wife will come back soon." // Then she went somewhere. //

3 Suddenly / his cell phone rang. // It was from his wife. // "I'm going to come back to you / tomorrow!" //

(133 words)

(注) ⁸cost（お金）がかかる　⁸pay 払う　¹⁰wish 願望　¹⁰wife 妻　¹²somewhere どこかに
¹³suddenly 突然　¹³cell phone 携帯電話

内容を確認しよう

💬 次の文は上の英文の内容をまとめたものです。日本語で（　　）に適語を書き，文章を完成させなさい。

　夜の（①　　　）時ごろ退社した男性が，具合の悪そうなおばあさんを見かけた。おばあさんは（②　　　　）が必要だったため，男性は買ってきて渡した。おばあさんはその男性の（③　　　　）さに心を打たれ，男性の望んでいるものをあげようとした。男性は何もいらないと言ったが，男性が心の中で思った（④　　　　　）がじきに帰ってくるとおばあさんは告げた。おばあさんが行ってしまったあと，男性に妻から帰国の（⑤　　　　　）があった。

- 〈will ＋動詞の原形〉：未来のことや話し手の意志を表すときに用いる。
  - ▶ I'll give you something.　　私はあなたに何かを差し上げましょう。
- 〈be going to ＋動詞の原形〉：前もって考えていた予定などについて言うときに用いる。
  - ▶ I'm going to come back to you tomorrow!　　明日私はあなたのもとに帰ります。

EXERCISES ▶

Hints

1 （　　）内から適切なものを選びなさい。

(1) Judy (will, is going) to read the book tonight.

(2) I (will, am going) take him to the zoo this Sunday.

(3) We (going to, will) have the English class tomorrow.

(4) It (is going, will be) rainy tomorrow.

1
未来表現には will と be going to の 2 つがある。（　　）の前後の語句に注意して，どちらかを選ぶ。

2 日本語に合うよう，（　　）に適語を書きなさい。

(1) Emi (　　　　　) (　　　　　　　) the piano this evening.

エミは今晩，ピアノを練習するでしょう。

(2) They (　　　　　) (　　　　　　　) to travel in Hokkaido during the summer vacation.

彼らは夏休みの間に北海道を旅行する予定です。

(3) (　　　　　) (　　　　　　　) to (　　　　　　　) the report tomorrow.

私は明日，そのレポートを書くつもりです。

2

(3) 空所の数から，短縮形を使う。

3 日本語に合うよう，（　　）内の語句を並べかえなさい。ただし，不足している be-動詞を補うこと。

(1) (cook / to / Akira / lunch / going) tomorrow.

アキラは明日昼食を作るでしょう。

_____ tomorrow.

(2) (Mr. Smith / going / we / visit / to) next Sunday.

私たちは今度の日曜日にスミス先生を訪問する予定です。

_____ next Sunday.

(3) (to / the car / going / I / wash) next week.

私は来週車を洗う予定です。

_____ next week.

3

be going to の be は，主語に合わせて変わる。
- I <u>am</u> going to ～
- You [We, They] <u>are</u> going to ～
- He [She, It] <u>is</u> going to ～

辞書 で 確認 し よ う　　p. 8の本文中の語の意味を辞書で調べて書きなさい。

(1) *l.*1 office　名（　　　　　　　　）

(2) *l.*5 medicine 名（　　　　　　　　）

(3) *l.*10 abroad 副（　　　　　　　　）

(4) *l.*11 see　動（　　　　　　　　）

5 フラワーフェスティバルへようこそ

お祭りの広告が貼られています。

 **読むときのコツ** **広告**

広告では，まず見出しで要点が述べられ，そのあとでくわしい内容が説明されます。
大見出しや小見出しに注目して，何についての広告か予想してから読みましょう。

Spring Flower Festival
— *May 15, 16 at Flower Park* —

Beautiful Flowers! : There are many kinds of flowers here. // You
can take photos / and draw pictures of them! //

5 **Flower Tea!** : You can also try flower tea / at the west garden. //
It is made with our flowers / and smells very good! //

Great Music! : A jazz concert will be held / on May 15 at 1:00. //
Tickets are sold / online. //

Fun Shops! : 100 popular shops will join the festival! //
10 You may find items / sold only here, / so don't miss it. //

Opening Hours : 9:00 – 17:00

Admission :

Junior high school students / Elementary school students	High school students	Adults
$1	$4	$8

15 We are sure / that you will have a great time! //

For more information, / visit our website! //

(*121 words*)

(注) ⁵try 試食［試飲］する　⁶smell …のにおいがする　⁸online インターネットで　¹⁰miss 見のがす
¹²admission 入場料　¹²adult 大人　¹⁴$ (dollar) ドル(アメリカ，カナダ，オーストラリアなどの貨幣単位)

内容を確認しよう

● 本文の内容と合っていれば○を，合っていなければ×を( )に書きなさい。

(1) お祭りはフラワー公園で開かれる。　　　　　　　　　　　　(　　)

(2) ジャズコンサートは5月16日に開催される。　　　　　　　(　　)

(3) お祭りだけで売られている品物があるかもしれない。　　　(　　)

(4) 高校生1人と大人1人の合計の入場料は6ドルである。　　(　　)

文法 のまとめ　　助動詞

- 助動詞 can：「〜できる」と可能を表す。助動詞のあとの動詞は原形。
  - ▶ You **can** take photos and draw pictures of them!
    あなたはそれらの写真を撮ったり絵をかいたりすることができます。
- 助動詞 may：「〜かもしれない」と推量を表す。
  - ▶ You **may** find items sold only here.
    あなたはここでのみ売られている商品を見つけるかもしれません。
- 助動詞 must と have to 〜：「〜しなければならない」と義務や必要性を表す。must は否定文で「〜してはならない」という禁止を，have to 〜は否定文で「〜しなくてよい」という不必要を表す。
  - ▶ I **must** do my homework today.　　私は今日，宿題をしなければなりません。

EXERCISES

1 【　　】の指示にしたがって次の文を書きかえるとき，（　　）に入る適語を▢から選んで書きなさい。

(1) I sing the English song. 【「〜できる」という意味を付け加えて】

→ I (　　　　　　　) sing the English song.

(2) Ken knows the answer. 【「〜かもしれない」という意味を付け加えて】

→ Ken (　　　　　　　) know the answer.

(3) We study hard. 【「〜しなければならない」という意味を付け加えて】

→ We (　　　　　　　) study hard.

must　　may　　can

2 日本語に合うよう，（　　）内の語を並べかえなさい。ただし，不足している1語を補うこと。

(1) (baseball / play / Mike / well).

マイクは上手に野球をすることができます。

_____ .

(2) (Aki / late / be) for school.

アキは学校に遅れるかもしれません。

_____ for school.

(3) (early / you / get / to / up) tomorrow.

あなたは明日，早く起きなければなりません。

_____ tomorrow.

Hints

1

(1) 可能を表す助動詞を選ぶ。

(2) 推量を表す助動詞を選ぶ。

(3) 義務を表す助動詞を選ぶ。

2

(1)「〜できる」という意味の助動詞を補う。

(2)「〜かもしれない」という意味の助動詞を補う。

(3) to があることに注目する。

辞書 で 確認 しよう　　p. 10の本文中の語の意味を辞書で調べて書きなさい。

(1) *l.*4 draw　　動（　　　　　　　　）　　(2) *l.*5 west　　形（　　　　　　　　）

(3) *l.*9 popular　形（　　　　　　　　）　　(4) *l.*16 information　名（　　　　　　　　）

11

6 お見舞いにお越しの皆様へ

病院の掲示板に注意書きが貼られています。

📖 読むときのコツ ▶ **注意書き**

注意書きの文章を読むときは，許可，禁止，指示の表現に気をつけましょう。
- 許可：You may [can] 〜 (*l.* 11)
- 禁止：You can't 〜 (*l.* 6), (Please) Don't 〜, You must not 〜
- 指示：〈(Please +) 動詞の原形 ...〉(*l.* 3, 4, 5, 6, 7)

East Hospital Visiting Rules

★ Visiting Hours: 10:30 a.m. to 7:30 p.m. //

★ Please be quiet / in and around the building. //

★ Please go to the front desk / before you go to see the patient. //

5   At the front desk, / **write** your name and address / on a form. //

★ Please **set** your cell phone / to silent mode / in the building. // You **can't talk** / on your cell phone / in patients' rooms. // Please **go** to one of the special Phone Areas / to use your phone. //

★ There are two visiting rooms / on each floor / of the building. // These

10   rooms are for patients / to talk with visitors. //

★ There is a convenience store / on the first floor. // You can eat and drink / only at the room / next to the store. //

Thank you very much. //   (*124 words*)

(注) ⁴front desk 受付　⁴patient 患者　⁵address 住所　⁵form 用紙
⁶silent mode マナーモード　⁹visiting room 面会室　¹⁰visitor 訪問者

内容を確認しよう

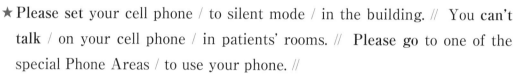

　本文の内容と合うよう，（　　）に適語を書きなさい。

(1) 病院内とその周辺では（　　　　　　　　）にしなければならない。

(2) 見舞客はまず受付で自分の（　　　　　　　）と住所を用紙に記入する必要がある。

(3) 病室では携帯電話で（　　　　　　）してはいけない。

(4) 面会室は，見舞客と患者が話すための部屋で，各階に（　　　　）部屋ずつある。

(5) コンビニは（　　　）階にあり，その（　　　　　　　）の部屋でのみ飲食できる。

● **命令文**：動詞の原形で文を始める。〈Don't ＋動詞の原形 …〉で「〜してはいけない」となる。ていねいに言う場合は please を使う。

　▶ Please be quiet in and around the building.
　　建物の中や周囲では静かにしてください。

● **否定文**：〈be-動詞＋ not〉や〈don't [doesn't, didn't] ＋動詞の原形〉や〈助動詞＋ not ＋動詞の原形〉などで表す。

　▶ You can't talk on your cell phone in patients' rooms.
　　病室では，携帯電話で通話してはいけません。

● **疑問文**：〈Be-動詞＋主語 …?〉や〈Do [Does, Did] ＋主語＋動詞の原形 …?〉や〈助動詞＋主語＋動詞の原形 …?〉などで表す。

　▶ Do you like cats? — Yes, I do.　あなたはネコが好きですか。— はい，好きです。

EXERCISES

Hints

1 日本語に合うよう，（　）内から適切なものを選びなさい。

(1) Did you (practice, practiced) soccer yesterday？
　　あなたは昨日サッカーを練習しましたか。

(2) I (don't, didn't) talk with the woman.
　　私はその女の人と話しませんでした。

(3) (Please, Don't) open the window.
　　窓を開けてはいけません。

(4) (Listening, Listen) carefully.
　　慎重に聞きなさい。

1
(1) 一般動詞を使う，過去の疑問文。

(2) 過去の否定文。

(3) 禁止の命令文。

(4) 「〜しなさい」と命令する文。

2 【　】の指示にしたがって次の文を書きかえるとき，空所に適する語句を書きなさい。

(1) She wrote a letter. 【否定文に】
　→ ＿＿＿＿＿＿＿＿＿＿＿＿＿＿＿＿＿＿ a letter.

(2) Judy is from Canada. 【疑問文にして，No で答える】
　→ ＿＿＿＿＿＿＿＿ from Canada? — No, ＿＿＿＿＿＿＿＿.

(3) You mustn't eat too much. 【ほぼ同じ意味の命令文に】
　→ ＿＿＿＿＿＿＿＿＿＿＿＿＿＿＿＿＿ too much.

(4) You are kind to others. 【Please で始まる命令文に】
　→ ＿＿＿＿＿＿＿＿＿＿＿＿＿＿＿＿ to others.

2
(1) 過去の否定文となる。

(2) be-動詞の疑問文は，be-動詞を文頭に出す。

(3) mustn't は「〜してはいけない」と禁止するときに用いられる。

(4) be-動詞の命令文は，be-動詞の原形を使う。

辞書 で 確認 しよう　p. 12の本文中の語の意味を辞書で調べて書きなさい。

(1) *l.*3 quiet 形 （　　　　　　　　）　　(2) *l.*8 area 名 （　　　　　　　　）

(3) *l.*9 each 形 （　　　　　　　　）　　(4) *l.*9 floor 名 （　　　　　　　　）

7 新幹線に乗り遅れた！

メアリー（Mary）が広島駅で駅員さんと話しています。

📖 読むときのコツ 日常会話

丁寧にたずねたり答えたりするときは，次の表現がよく使われます。

たずねるとき	●Excuse me.「すみません。」(l. 1)
	●Will you ～?「～してもらえますか。」(l. 1)
答えるとき	●Sure.「もちろんです。」(l. 2)　●should ～「～すべきです」(l. 5)
申し出るとき	●What can I do for you?「何かお手伝いしましょうか。」(l. 2)

Mary:　Excuse me. // Will you help me? //

Officer:　Sure. // **What** can I do / for you? //

Mary:　I wanted to take the Nozomi 112, / but it has just left. // I want to go to Kyoto / as soon as possible. // **Which** train should I take? //

	Nozomi 112	Hikari 460	Nozomi 114
Hiroshima	6:27	6:31	6:47
Kyoto	8:14	8:54	8:32

5

Officer:　You should take the Nozomi 114. // It'll start / in about twenty minutes. //

Mary:　Well, the Hikari 460 will start / sooner than the Nozomi 114. // **Why** should I take the Nozomi 114? //

Officer:　Because you can get to Kyoto faster. // The Nozomi 114 stops at fewer stations / between Hiroshima and Kyoto / than the Hikari 460. //

10

Mary:　I didn't know that. // By the way, / I have a reserved ticket / for the Nozomi 112. // Do I have to buy another ticket? //

Officer:　No. // You can take another train / if you don't mind a non-reserved seat. //

Mary:　I see. // I'll do it. // Thank you. //

15　*Officer:*　You're welcome. //

(*137 words*)

(注)　⁴as soon as possible なるべく早く　　¹¹reserved 指定の　　¹³mind いやだと思う
¹³non-reserved seat 自由席

内容を確認しよう

　　本文の内容と合っていれば○を，合っていなければ×を（　　）に書きなさい。

(1)　メアリーの目的地は広島である。　　　　　　　　　　　　　　（　　　）

(2)　のぞみ114号は，20分前に広島駅を出発した。　　　　　　　　（　　　）

(3)　のぞみ114号よりも先にひかり460号が広島駅を出発する。　　（　　　）

(4)　メアリーが持っている切符で他の新幹線の自由席に乗ることができる。　（　　　）

● 疑問詞疑問文：疑問詞で始まる疑問文。この疑問文には Yes / No では答えず，具体的な内容を答える。

《疑問詞》What（何が [を]），Who（だれ），When（いつ），Where（どこで），Why（なぜ），
Which（どちらが [を]），Whose（だれの），How（どのように，どのくらい，どんな）

▶ **Which** train should I take? — You should take the Nozomi 114.

私はどちらの電車に乗るべきですか。— のぞみ114号に乗るべきです。

▶ **Why** should I take the Nozomi 114? — Because you can get to Kyoto faster.

なぜ私はのぞみ114号に乗るべきなのですか。— より速く京都に到着できるからです。

EXERCISES

1 （　）に入る適語を □ から選び，対話文を完成させなさい。

(1) (　　　　　　) are you looking for?

— I'm looking for my eraser.

(2) (　　　　　　) did you see the man?

— Last Friday.

(3) (　　　　　　) are you going to play baseball?

— At Higashi Park.

(4) (　　　　　　) is Judy sad? — Because her bird died.

| Where　　Why　　When　　What |

1
それぞれ次の内容を答えていることに注目する。
(1)「もの」
(2)「時」
(3)「場所」
(4)「理由」

2 次の疑問文の答えの文として適するものを〔　〕から選び，記号で答えなさい。

(1) Which do you like, cats or dogs?　　　　　（　　）

(2) Whose bike is that?　　　　　（　　）

(3) Who can speak English?　　　　　（　　）

(4) How's the weather in Tokyo today?　　　　　（　　）

〔　ア　Mike can.　　　イ　It's sunny.
　　ウ　It's Mary's.　　エ　I like dogs.　〕

2
それぞれの疑問文は，
(1) どちらか1つを選ぶ文。
(2) 所有者をたずねる文。
(3) 人についてたずねる文。
(4) 様子をたずねる文。

3 次の文の下線部が答えの中心となる疑問文を，〈　〉の語数で書きなさい。

(1) She has ten DVDs.〈6語〉

_____

(2) Her camera was twenty thousand yen.〈5語〉

_____

3
(1)「数」をたずねる疑問文をつくる。

(2)「値段」をたずねる疑問文をつくる。

辞書 で 確認 しよう　p.14の本文中の語の意味を辞書で調べて書きなさい。

(1) *l.*4 soon　　副 （　　　　　　）　　　(2) *l.*9 fast　　副 （　　　　　　）

(3) *l.*10 between　前 （　　　　　　）　　　(4) *l.*12 another　形 （　　　　　　）

8 和食は好きですか？

なぜ和食は世界中で人気があるのでしょうか。

読むときのコツ ▶ 説明文

説明文では，より効果的に内容を伝えるために以下のような表現が使われることがあります。

- for example ... (*l*. 2), such as ... (*l*. 11) は**具体例**が後ろに続きます。
- because ... (*l*. 5) は**原因**を後ろに続け，so ... (*l*. 7, 10) は**結果**が後ろに続きます。
- but ... (*l*. 8) は，前の文と**違う内容**が後ろに続きます。but の後ろは，話の流れが変わったり筆者の主張が書かれていることが多いので注意しましょう。

1 Today, / Japanese food is popular / in Western countries. // For example, / in New York City, / Japanese restaurants have a lot of customers. // In London, / people want to **visit** *kaiten-zushi* restaurants. // Why is Japanese food so

5 popular? // Because it is good / for your health. // Oil is used / in almost all Western cooking, / but traditional Japanese foods are cooked / without oil. // So, people / who care about what they eat / like Japanese foods. //

2 Oil makes foods delicious, / but Japanese foods are also good / without it. // What makes Japanese food delicious? // A long time ago, / oil was so precious in
10 Japan / that Japanese people couldn't use it a lot / for cooking. // So, / they found different ways to **cook**, / such as cooking with fermented foods / like soy sauce and *miso*. // They are used **to make** food delicious. // They play the same role as oil does / in Western cooking. //

(*142 words*)

(注) ¹western 欧米の　　³customer 顧客　　⁵health 健康　　⁹precious 貴重な
¹¹fermented food 発酵食品　　¹¹soy sauce 醤油　　¹²play the same role as ... …と同じ役割をする

内容を確認しよう

本文の内容と合っていれば○を，合っていなければ×を（　　）に書きなさい。

(1) ニューヨークでは和食レストランの人気がない。　　　　　　　　　　（　　　）

(2) ほとんどの欧米の料理には油が使われていない。　　　　　　　　　　（　　　）

(3) 日本で発酵食品が使われるようになったのは最近のことである。　　　（　　　）

(4) 和食は発酵食品を用いることでおいしくなる。　　　　　　　　　　　（　　　）

(5) 油と発酵食品はともに料理をおいしくする。　　　　　　　　　　　　（　　　）

● 不定詞は〈to ＋動詞の原形〉で表す。

(1) **名詞的用法の不定詞**：「～すること」という意味を表し，主語，目的語，補語になる。
　　▶ People want **to visit** the restaurant.　人々はそのレストランを訪れたいと思っています。

(2) **副詞的用法の不定詞**：「～するために」と動作の目的を表したり，「～して」と感情の原因を表したりする。
　　▶ They are used **to make** food delicious.　それらは食べ物の味をおいしくするために使われます。

(3) **形容詞的用法の不定詞**：「～するための」という意味を表し，直前の名詞に説明を加える。
　　▶ They found different ways **to cook**.　彼らは異なる料理法を見つけました。

EXERCISES

1 日本語に合うよう，（　）内から適切なものを選びなさい。

(1) My father likes (drive, to drive) cars.
　　私の父は，車を運転することが好きです。

(2) I went to the shop (for buy, to buy) a video game.
　　私はテレビゲームを買うために，その店に行きました。

(3) I'm glad (seeing, to see) you.　あなたにお会いできてうれしいです。

(4) I have a lot of work (to do, do).
　　私にはやるべき仕事がたくさんあります。

2 各組の文がほぼ同じ意味を表すよう，（　）に適語を書きなさい。

(1) ⎰ This book was so difficult that I couldn't read it.
　　⎱ This book was too difficult for me (　　　　) (　　　　).

(2) ⎰ I didn't know what I should say to her.
　　⎱ I didn't know what (　　　　) (　　　　) to her.

3 日本語に合うよう，（　）内の語句を並べかえなさい。

(1) Tell (how / make / me / a pancake / to).
　　パンケーキの作り方を教えてください。
　　Tell _____ .

(2) It (talk / is / Mike / to / interesting / with).
　　マイクと話すことはおもしろい。
　　It _____ .

Hints

1
それぞれの（　）とその後続の語句は，
(1) likes の目的語
(2) went の目的を表す語句
(3) glad の原因を表す語句
(4) work を修飾する語句
を表している。

2
(1) 〈so ... that A can't [cannot] ～〉「とても…なのでA は～できない」は，〈too ... for A to ～〉と書きかえることができる。

● 〈疑問詞＋to ＋動詞の原形〉の表現
・what to ～「何を～するべきか」
・when to ～「いつ～するべきか」
・how to ～「どのように～するべきか，しかた」
など

3
(2) It is ... to ～「～することは…だ」

辞書で確認しよう　p.16の本文中の語の意味を辞書で調べて書きなさい。

(1) *l.*1 today　副（　　　　　）　　(2) *l.*6 almost　副（　　　　　）

(3) *l.*6 traditional 形（　　　　　）　　(4) *l.*11 way　名（　　　　　）

17

9 これからの発電方法

環境にやさしい発電方法の問題点について述べています。

1 There are many electric appliances / around us today. // The appliances **help** us / **live** a comfortable life. // Without them, / our lives would be very inconvenient. //

2 Today, / environmental problems are often discussed. //
5 So, / eco-friendly ways to make electricity, / for example, / solar, / wind, / and geothermal power generation, / are welcome. // But each of these ways / has some problems. //

3 First, the three ways cost much. // In addition, / solar and wind power generation largely depend / on the weather. // On the other hand, / geothermal
10 power generation takes long time / until we get / as much electricity / as we want. // These facts **make** us / **keep** using thermal, hydroelectrical, and nuclear power generation. //

4 Needless to say, / we must protect both the environment / and our life. // The eco-friendly ways are clearly much better / than the ways / we have been
15 using. // Thus, / we need to improve the sustainable ways / rapidly. // (*138 words*)

(注) ¹electrical appliance 電化製品　⁵eco-friendly 環境にやさしい　⁶solar 太陽光の
⁶power generation 発電　⁹depend on ... …に左右される　⁹geothermal 地熱の
¹¹thermal 火力の　¹¹hydroelectrical 水力の　¹¹nuclear 原子力の
¹³needless to say 言うまでもなく　¹⁵thus したがって

内容を確認しよう

🔖 本文の内容と合っていれば○を，合っていなければ×を（　　）に書きなさい。

(1) 筆者は，環境のために電化製品は使うべきではないと言っている。　　　（　　　）

(2) 今日，環境にやさしい発電方法が歓迎されている。　　　　　　　　　（　　　）

(3) 環境にやさしい発電方法は，発電コストも低いことが魅力だ。　　　　（　　　）

(4) 筆者は，環境にやさしい発電方法を早急に改善するべきだと言っている。（　　　）

文法 のまとめ　原形不定詞

● 原形不定詞:〈help + ○ +動詞の原形〉「○ が〜するのを手伝う[助ける]」や〈let + ○ +動詞の原形〉「○ に〜させる」など，○ のあとに続く原形の動詞のこと。

▶ The appliances **help** us **live** a comfortable life.
　その製品は私たちが快適な生活を過ごす助けとなっています。

▶ Mr. Brown didn't **let** us **enter** the room.
　ブラウン先生は私たちがその部屋に入ることを許してくれませんでした。

▶ I **had** my father **drive** me to the station.
　私は父に駅まで車で送ってもらいました。　※〈have + ○ +動詞の原形〉「○ に (義務・仕事として)〜させる」

▶ My mother **made** me **go** shopping in the rain.
　私の母は,雨の中私を買い物に行かせました。　※〈make + ○ +動詞の原形〉「○ に (無理やり)〜させる」

EXERCISES

Hints

1 日本語に合うよう，(　　)内から適切なものを選びなさい。

(1) She helped me (clear, cleared) the table.
　彼女は私がテーブルの上を片づけるのを手伝ってくれました。

(2) (Let's, Let) me introduce our new classmate to you.
　私たちの新しい同級生をあなたたちに紹介させてください。

(3) Heavy rain made (we, us) cancel our plan.
　大雨のために，私たちは計画のキャンセルを余儀なくされました。

2 日本語に合うよう，(　　)に適語を書きなさい。

(1) The website (　　　　　　) me (　　　　　　) the report.
　そのウェブサイトは私がレポートを書く助けとなりました。

(2) Please (　　　　　) (　　　　　) (　　　　　) the result.
　結果を私に教えてください。

3 日本語に合うよう，(　　)内の語句を並べかえなさい。

(1) Ms. Smith (question / me / the / made / answer).
　スミス先生は私にその問題を解かせました。

Ms. Smith _____.

(2) (a clerk / had / about / tell / I) the item.
　私は店員にその商品について教えてもらいました。

_____ the item.

Hints

1
(1) 〈help + O〉のあとには原形不定詞のほか，to-不定詞が続くこともある。
(2) 「〜するのを許す・許可する」の意味を持つ語を選ぶ。
(3) made の目的語であることに注意。

2

(2) 「私が結果を知るのを許してください」ということ。

3
(1) ここでの answer は動詞であることに注意。

(2) まず，主語と目的語を見極めること。

辞書 で 確認 しよう　p.18の本文中の語の意味を辞書で調べて書きなさい。

(1) *l.*2 comfortable 形 (　　　　　　　　)　(2) *l.*4 discuss 動 (　　　　　　　　)

(3) *l.*15 improve 動 (　　　　　　　　)　(4) *l.*15 sustainable 形 (　　　　　　　　)

動詞の不規則変化

★ 空所に動詞の正しい形を書きなさい。

原形／意味	-s [-es] の形	過去形	過去分詞形	〜ing 形
become （…になる）	becomes	①	become	becoming
begin （始まる）	begins	began	begun	②
break （こわす）	breaks	broke	③	breaking
bring （持ってくる）	brings	④	brought	bringing
build （建てる）	builds	⑤	built	building
buy （買う）	buys	bought	⑥	buying
catch （捕まえる）	catches	caught	⑦	catching
come （来る）	comes	came	come	⑧
cut （切る）	cuts	⑨	cut	cutting
do （する）	⑩	did	done	doing
eat （食べる）	⑪	ate	eaten	eating
feel （感じる）	feels	⑫	felt	feeling
find （見つける）	finds	found	⑬	finding
fly （飛ぶ）	⑭	flew	flown	flying
get （得る）	gets	got	got [gotten]	⑮
give （与える）	gives	gave	⑯	giving
go （行く）	goes	⑰	gone	going
have （持っている）	⑱	had	had	having
hear （聞く）	hears	heard	heard	⑲
hold （持つ，催す）	holds	held	⑳	holding
keep （保つ）	keeps	㉑	kept	keeping
know （知っている）	knows	knew	㉒	knowing
leave （去る）	leaves	left	left	㉓
lose （失う）	loses	㉔	lost	losing
make （作る）	makes	made	made	㉕
meet （会う）	meets	met	㉖	meeting
read （読む）	reads	read	㉗	reading
run （走る）	runs	ran	run	㉘

原形／意味	-s [-es] の形	過去形	過去分詞形	～ing 形
say （言う）	㉙	said	said	saying
see （見る）	sees	saw	㉚	seeing
sell （売る）	sells	㉛	sold	selling
send （送る）	sends	sent	㉜	sending
show （見せる）	shows	㉝	shown [showed]	showing
sing （歌う）	sings	sang	sung	㉞
sit （座る）	㉟	sat	sat	sitting
sleep （眠る）	sleeps	slept	slept	㊱
speak （話す）	speaks	spoke	㊲	speaking
stand （立つ）	㊳	stood	stood	standing
take （持っていく）	takes	took	taken	㊴
teach （教える）	㊵	taught	taught	teaching
tell （話す）	tells	told	㊶	telling
think （考える）	thinks	thought	㊷	thinking
throw （投げる）	throws	㊸	thrown	throwing
win （勝つ）	wins	won	won	㊹
write （書く）	writes	㊺	written	writing

 ★ マスの中にヨコとタテのカギの答えを書いて，パズルを完成させよう！

ヨコのカギ

① come の過去形
② lead の過去形
③ get の -s [-es] の形
⑤ eat の～ing 形
⑦ close の過去形
⑧ lose の過去分詞形
⑩ go の過去分詞形

タテのカギ

① call の～ing 形
④ make の過去形
⑥ ask の -s [-es] の形
⑦ cut の過去分詞形
⑨ do の～ing 形
⑪ go の -s [-es] の形
⑫ do の過去分詞形

★ 40ページの『語形変化のまとめ』も確認しておきましょう。

10 愛犬との日々

ある少年が愛犬との出会いをふり返っています。

読むときのコツ ▶ **物語文**

物語文はふつう，出来事が起こった順に述べられています。時間的順序を表す語句に注意しながら読みましょう。

〈in ＋年〉「…年に」，〈on ＋特定の日〉「…日に」，one day「ある日」(*l.* 1)，
now「今，今日では」(*l.* 11)，then「そのとき」，first「最初に」(*l.* 7)，
after that「その後」，before ...「…の前」，after ...「…の後」

1 One day, / I heard a bark / of a dog / near the park. // I went into the park / and found a little dog / with an **injured** leg / in a box. // Someone left it there. // I took the dog to my home / and asked my mother / to have it. //

5 She said, / "If you take care of the dog / by yourself, / you may have it." // My life with the dog / started. //

2 I named the dog Max. // The thing I did first / was **taking** Max / to an animal hospital. // We visited a doctor / **living** near my house. // He said / that the leg would get well. // I was very glad / to hear that. // Max looked happy, too. // We became friends soon. //

10

3 Now, / Max is a member of my family / and he enjoys **walking** every day. // It's difficult / to take care of a dog, / but a life with a **living** thing / gives me a lot of fun! //

(*151 words*)

(注) ¹bark 鳴き声　³injured 傷ついた　³leg 脚

内容を確認しよう

● 次の文は上の英文の内容をまとめたものです。日本語で（　）に適語を書き，文章を完成させなさい。

　ある日，ぼくは公園で，脚をけがしている小さな犬を見つけたので家に連れ帰ると，母は，自分で（①　　　）をするなら飼ってもよいと言った。ぼくはその犬をマックスと名づけた。マックスを（②　　　）に連れて行くと，医師にマックスの脚はよくなるだろう，と言われた。ぼくとマックスはすぐに（③　　　）になった。今，マックスは毎日の（④　　　）を楽しんでいる。犬の世話は大変だが，生き物との生活はぼくに多くの（⑤　　　）を与えてくれる。

22

● **動名詞**：「～すること」という意味を表す動詞の～ing 形。動詞の性質を持ちながら名詞のはたらきをする。主語，目的語，補語として使われる。

▶ The thing I did first was **taking** Max to an animal hospital.
　私が最初にしたことは，マックスを動物病院へ連れて行くことでした。

● **分詞の形容詞用法**：現在分詞や過去分詞が名詞を修飾する用法。

(1) **現在分詞の形容詞用法**：「～している…」という意味で名詞を修飾する動詞の～ing 形。

▶ We visited a doctor <u>living</u> near my house.　私たちは家の近くに住んでいる医師を訪ねました。

(2) **過去分詞の形容詞用法**：「～された…」という意味で名詞を修飾する過去分詞。

▶ I found a little dog with an <u>injured</u> leg.　　私は脚をけがした小さな犬を見つけました。

EXERCISES ▶

1 (1)～(3)の語は～ing 形に，(4)～(6)の語は過去分詞形に直しなさい。

(1) carry 　（　　　　　） (2) dance 　（　　　　　）

(3) run 　（　　　　　） (4) sell 　（　　　　　）

(5) build 　（　　　　　） (6) write 　（　　　　　）

2 日本語に合うよう，（　　）内から適切なものを選びなさい。

(1) We enjoyed (playing, played) basketball.
　私たちはバスケットボールをして楽しみました。

(2) (Watching, Watched) movies is fun.　映画を見るのは楽しい。

(3) The girl (sitting, sat) by that tree is Emily.
　あの木のそばに座っている女の子はエミリーです。

(4) Be careful of the (breaking, broken) glass on the floor.
　床の上の割れたガラスに注意しなさい。

3 日本語に合うよう，（　　）内の語句を並べかえなさい。

(1) (a student / is / to / she / known) everyone in this school.
　彼女はこの学校のみんなに知られている生徒です。

　_____ everyone in this school.

(2) (with / Tom / is / that man / Yuki / talking).
　ユキと話をしているあの男性はトムです。

　_____

Hints

1
(1)～(3) 動詞の～ing 形の作り方 ➡ p. 40 参照
(4)～(6) 動詞の不規則変化(p.20, 21)参照

2

(3)(4) 「～している…」は動詞の～ing形を用い，「～された…」は過去分詞を用いて表現する。

3

・分詞が1語のときは名詞の前におく。
a sleeping baby
(眠っている赤ちゃん)
・分詞が2語以上のときは名詞の後ろにおく。
the cake made by her
(彼女によって作られたケーキ)

辞書で確認しよう　p. 22の本文中の語の意味を辞書で調べて書きなさい。

(1) *l*.2 little 形 （　　　　　　） (2) *l*.4 have 動 （　　　　　　）

(3) *l*.6 may 助 （　　　　　　） (4) *l*.7 name 動 （　　　　　　）

動物園のアンケート

動物園の改善案について職員が話しています。

📖 読むときのコツ　**図・表**

図や表を読むときは，最初に図や表のタイトルを読むことで英文の内容を予想することができます。また，数値が何の単位を表すのか注意して読みましょう。

例　「…%」(割合)，「…人，…個」(実際の数)　など

❶ Last Sunday, / we did research / about our zoo. // We asked two questions / to 200 visitors. //

❷ Look at the graph. // The first question

5　was, / "How did you come / to our zoo?" // The number of visitors / who came by car / is **the largest of** all. // Those visitors / who came by train / are **as many as** those by bus. // We have a large parking lot, / but

10　it is usually full / on weekends. // So, / we should try to find other places to park. //

❸ The second question was, / "How long did it take / from your house to our zoo?" // Look at the table. // The number of visitors / who answered "Less than

15　an hour" / is much **smaller than** the number of visitors / in the other two groups. // Because of this result, / we should do something / to make people living near us / more interested in our zoo. //　　　　　　　　　　　(*140 words*)

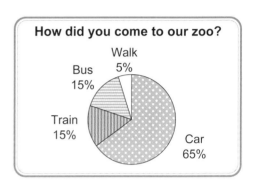

How did you come to our zoo?

- Walk 5%
- Bus 15%
- Train 15%
- Car 65%

How long did it take from your house to our zoo?

Answer	Number of visitors
More than an hour	108
About one hour	79
Less than an hour	13

(注)　¹research 調査　　⁴graph 図式　　⁹parking lot 駐車場　　¹⁴table 表　　¹⁶result 結果

内容を確認しよう

💬　本文の内容と合っている文を2つ選び，記号を書きなさい。　　(　　　　)(　　　　)

ア　歩いて動物園に来た人の数は5人だった。

イ　車で動物園に来た人の数が最も多いことがわかった。

ウ　約1時間かけて動物園に来た人の数は最も少なかった。

エ　動物園の近所の住民は，遠くに住む人と比べてあまり来園していないことがわかった。

● 比較級を使った文：〈比較級＋ than …〉で「…より〜」という意味を表す。

▶ The number of visitors who answered "**Less than** an hour" is much **smaller than** the number of visitors in the other two groups.

「1時間以内」と答えた来園者の数は，他の2つのグループの来園者の数よりもずっと少ない。

● 最上級を使った文：〈the ＋最上級＋ of [in] …〉で「…の中で最も〜」という意味を表す。

▶ The number of visitors who came by car is **the largest of** all.

車で来た来園者の数がすべての中で最も多い。

● 同等比較：〈as ＋原級＋ as …〉で「…と同じくらい〜」という意味を表す。否定形の〈not as 〜 as …〉は，「…ほど〜でない」の意味になる。

▶ Those visitors who came by train are **as many as** those by bus.

電車で来た来園者はバスで来た来園者と同じくらいの多さです。

EXERCISES ▶

1 次の語の比較級と最上級を書きなさい。

(1) high　　比較級 (　　　　　　　)　最上級 (　　　　　　　)

(2) useful　比較級 (　　　　　　　)　最上級 (　　　　　　　)

(3) many　比較級 (　　　　　　　)　最上級 (　　　　　　　)

2 日本語に合うよう，(　　)に適語を書きなさい。

(1) Ken is (　　　　　) (　　　　　) Mike.

ケンはマイクより背が高い。

(2) Tom runs (　　　　　) (　　　　　) in his class.

トムはクラスでいちばん速く走ります。

(3) I can play soccer (　　　　) (　　　　) (　　　　) he.

私は彼と同じくらい上手にサッカーができます。

3 日本語に合うよう，(　　)内の語句を並べかえなさい。

(1) (was / interesting / not / this movie / as / as) that one.

この映画はあの映画ほどおもしろくありませんでした。

_____ that one.

(2) (the / this cap / expensive / of / most / is) the four.

この帽子は4つの中で最も高価です。

_____ the four.

Hints

1〜**3**
比較級・最上級のつくり方 ➡ p. 40参照

1
(3) many は特別に変化する語。

2
(1)「…より〜」は比較級で表す。

(2)「…の中でいちばん〜」は最上級で表す。

(3)「上手に」を表す副詞を使った同等比較の文となる。

3
(1)「…ほど〜でない」は，同等比較の否定文で表す。

辞書 で 確 認 し よ う　p. 24の本文中の語の意味を辞書で調べて書きなさい。

(1) *l.*6 number　名 (　　　　　　　)　　(2) *l.*10 full　形 (　　　　　　　)

(3) *l.*10 weekend　名 (　　　　　　　)　　(4) *l.*13 take　動 (　　　　　　　)

25

何かわかりますか？

メアリー（Mary）がユミ（Yumi）にメールで質問しています。

読むときのコツ ▶ **E メールのやりとり**

E メールでは次の表現がよく使われます。

● I hope to hear from you soon. 「近々お返事をくださいね。」 (*l.* 4)

● Thank you for your e-mail. 「E メールをありがとう。」 (*l.* 6)

● :-) (*l.* 4)　90度右に回転して読むと顔に見える記号で感情を表すことがあります。

　:-), :-D（うれしい顔）　:-(（困った顔）　:-o（驚いた顔）　など

✉

Hi, Yumi. // How's everything? //

The other day, / I found this picture / on the Internet. //

Do you know what it is? //

I hope to hear from you / soon. // :-)

5　Mary //

✉

Hi, Mary. // Thank you for your e-mail. //

The picture is Itsukushima Shrine. // It is on Itsukushima Island / in Japan. //

The first shrine buildings **were built** / in the sixth century. // The shrine **is listed**

on the World Heritage Site. //

10　The thing / standing in the sea / is a gate. // It **is called** *O-torii*. // When the tide

is high, / you may think / it's floating / on the sea. // It's really beautiful. //

I visited the shrine / a few years ago. // I'll take you there / when you come to

Japan. // I'm sure / you **will be impressed** with it. //

Yumi // *(121 words)*

（注）　⁷island 島　　⁸century 世紀　　⁸list 載せる　　⁹World Heritage Site 世界遺産　　¹⁰tide 潮　　¹¹float 浮かぶ

内容を確認しよう

　本文の内容と合うよう，（　　）に適語を書きなさい。

(1)　Mary sent the e-mail to ask about the (　　　　　　).

(2)　Yumi knew about the picture.　It is (　　　　　　) Shrine.

(3)　A gate standing in the sea is called (　　　　　　).

(4)　Yumi can take Mary to the shrine because she has (　　　　　　) there before.

文法 のまとめ　受け身

- 現在形の受け身：〈am [are, is] ＋過去分詞〉で「～される」という意味を表す。
  - ▶ The shrine **is listed** on the World Heritage Site.　その神社は世界遺産に記載されています。
- 過去形の受け身：〈was [were] ＋過去分詞〉で「～された」という意味を表す。
  - ▶ The first shrine buildings **were built** in the sixth century.
    最初の社殿は6世紀に建てられました。
- 助動詞を使った受け身：〈助動詞＋ be ＋過去分詞〉
  - ▶ You **will be impressed** with it.　あなたはそれに感動するでしょう。

EXERCISES

Hints

1 日本語に合うよう，（　　）内から適切なものを選びなさい。

(1) This desk (made, is made, was made) by my brother.
この机は兄によって作られました。

(2) How many languages (spoke, is spoken, are spoken) in India?
インドではいくつの言語が話されていますか。

2 各組の文がほぼ同じ意味を表すよう，（　　）に適語を書きなさい。

(1) 　Tom took these pictures.
　　These pictures (　　　　　) (　　　　　) (　　　　　)
　　 Tom.

(2) 　Ms. Brown is our English teacher.
　　English (　　　　　) (　　　　　) to us by Ms. Brown.

3 日本語に合うよう，（　　）内の語句を並べかえなさい。ただし，不足している1語を補うこと。

(1) (in / written / English / this book).
この本は英語で書かれています。

_____ .

(2) (this word / used / not) very often.
この単語はあまり使われていません。

_____ very often.

(3) (to / many / will / invited / people) her wedding.
彼女の結婚式にはたくさんの人が招待されるでしょう。

_____ her wedding.

1
時制に注意する。

(2) 主語は複数であることに注意する。

2
(1)(2) 動詞の不規則変化 (p.20, 21) 参照

(2) 「ブラウン先生は私たちの英語の先生だ」ということは，「英語はブラウン先生によって教えられる。」ということ。

3

(2)

●受け身の否定文
〈主語＋be-動詞＋not＋過去分詞 ...〉

(3) 「～ されるでしょう」は〈will be ＋過去分詞〉で表す。
invite A to ... 「A を …に招待する」

辞書 で 確 認 し よ う　p. 26の本文中の語の意味を辞書で調べて書きなさい。

(1) *l.*7 shrine 名 (　　　　　　　)　　(2) *l.*10 gate　　名 (　　　　　　　)

(3) *l.*13 sure 形 (　　　　　　　)　　(4) *l.*13 impress 動 (　　　　　　　)

13 あのくつは，まだありますか？

広告を見たジム（Jim）が，店にメールを送りました。

SALE at SHOES WORLD!

★ The sale at SHOES WORLD / **has** just **begun**! // A lot of popular types of shoes / will be on sale / from 50% to 80% off / only this week! //

★ If you are looking for some shoes, / just call or send an e-mail / to our customer support / before coming to our shop. //

5

◎ To go to SHOES WORLD: // You can see our shop / in front of East Station. // From there, / you can get to us / in 30 seconds! //

✉ **Subject: Question about Running Shoes** ✕

Dear Customer support, //

10 My name is Jim Smith. // I **have visited** your shop / many times. //
A few months ago, / I saw some gold running shoes / made in Canada / at your shop. // I **have wanted** them / since then. // Do you still have them? //
My size is 27.5 centimeters. //

Sincerely yours, /

15 Jim Smith // *(134 words)*

（注）　²type of ... …の種類　³on sale 特価で　³off 差し引く　⁴customer support 顧客サポート
　　　⁸subject 件名　¹³centimeter センチメートル　¹⁴sincerely yours 敬具（手紙やメールの結び）

内容を確認しよう

　本文の内容と合っている文を１つ選び，記号を書きなさい。　　　（　　　）

ア　The sale at SHOES WORLD will continue for two weeks.

イ　Jim has been to SHOES WORLD before.

ウ　Jim sent the e-mail to ask about the way to SHOES WORLD.

文法 のまとめ　現在完了

● 現在完了は，〈have [has] ＋過去分詞〉で表す。

(1) **完了の現在完了**：「〜してしまった」という意味を表す。

▶ The sale at SHOES WORLD **has** just **begun**!
シューズワールドでのセールはちょうど始まったところです。

(2) **経験の現在完了**：「〜したことがある」という意味を表す。

▶ I **have visited** your shop many times.　私は何度もあなたの店を訪ねたことがあります。

(3) **継続の現在完了**：「ずっと〜している」という意味を表す。

▶ I **have wanted** them since then.　私はそのときからずっとそれがほしいと思っています。

EXERCISES

1 次の文の下線部を（　　）内の語句にかえて，現在完了の文に書きかえなさい。

(1) She has a cold <u>now</u>.　(since last Saturday)

(2) It's not rainy <u>today</u>.　(for two weeks)

2 日本語に合うよう，（　　）に適語を書きなさい。

(1) I (　　　　　) (　　　　　) in Japan (　　　　　) four years.
私は4年間日本に住んでいます。

(2) Ken (　　　　　) (　　　　　) (　　　　　) to America before.
ケンはこれまで一度もアメリカへ行ったことがありません。

(3) The plane (　　　　　) (　　　　　) (　　　　　) at the airport.　その飛行機はすでに空港に到着しています。

3 日本語に合うよう，（　　）内の語を並べかえなさい。

(1) (Meg / her / has / yet / homework / finished)?
メグはもう宿題を終えましたか。

　　　　　　　　　　　　　　　　　　　　　　　　　　　?

(2) (eaten / Tom / many / *natto* / has) times.
トムは何回も納豆を食べたことがあります。

　　　　　　　　　　　　　　　　　　　　　　　　 times.

(3) (you / long / known / have / how / Beth)?
あなたはベスと知り合ってどのくらいですか。

　　　　　　　　　　　　　　　　　　　　　　　　　　　?

辞書で確認しよう　p. 28の本文中の語の意味を辞書で調べて書きなさい。

(1) *l*.1 sale　名（　　　　　　　）　(2) *l*.7 second　名（　　　　　　　）

(3) *l*.12 since　前（　　　　　　　）　(4) *l*.12 then　副（　　　　　　　）

Hints

1
(1) have の過去分詞を用いる。
(2)
●現在完了の否定文
〈主語＋have [has] not＋過去分詞 ...〉

2
(1) 継続の現在完了の文では, for や since がよく使われる。for のあとには「期間」を表す語句が続き, since のあとには「起点」を表す語句が続く。
(2) 「一度も…ない」には, not の代わりに never を用いる。

3
(1) yet は, 否定文では「まだ」, 疑問文では「もう」という意味となり, 文末におかれる。
●現在完了の疑問文
〈Have [Has] ＋主語＋過去分詞 ...〉
(3) 継続期間をたずねる疑問文となる。

14 これからの天気は…

ニュース番組で，気象予報士がこれからの天気について伝えています。

📖 **読むときのコツ** **天気予報**

天気予報は，以下の事がらに特に注意して読みましょう。
①対象地域（**1**）：どの地域についての天気予報なのか。
②気象状況（**2**）：「晴れ」「雨模様」「暑い」「寒い」など。
③補足情報（**3**）：各気象状況について，何を追加して伝えているか。

1 Now / I'm going to inform you / of today's weather/ for Hiroshima area. //

2 It **has been raining** / in Hiroshima City / for four days. // And the temperature now is fifteen degrees

5 Celsius. // Will it be still rainy? // No. // The rain will stop temporarily / before noon / and become sunny. // In the afternoon, / the temperature will rise rapidly / to twenty-five degrees. // There may be some dense fog. // So please be fully careful / when you drive. //

10 **3** In the evening, / it will begin / to rain again. // In some areas, / it may rain heavily / with thunder and lightning. // If you have a plan / to go out / in the afternoon, / it will be good / for you / to take your umbrella / with you / and get home / as early / as you can. //

4 The rain will stop / at midnight, / and it will be cloudy / tomorrow. //

(134 words)

(注) ¹inform＋人＋of … 人に…について知らせる　⁵Celsius 摂氏　⁶temporarily 一時的に
　　　⁷rapidly 急速に　⁸dense fog 濃霧　¹¹thunder and lightning 雷

内容を確認しよう

💬 本文の内容と合っていれば○を，合っていなければ×を（　　）に書きなさい。

(1) In Hiroshima City, it was rainy yesterday. （　　）

(2) It will be a fine weather from this afternoon to tomorrow morning. （　　）

(3) Hiroshima City will become warm this afternoon. （　　）

(4) The weather reporter said that we should not go out on the day. （　　）

文法 のまとめ　現在完了進行形

● 現在完了進行形：〈have[has] been ＋動詞の〜 ing 形〉で「ずっと〜している」と動作の継続を表す。

▶ I have been watching TV for three hours.
　　私は3時間ずっとテレビを見ています。

▶ It has been raining in Hiroshima City for four days.
　　広島市では，4日間ずっと雨が降っています。

▶ Have you been thinking about a plan for this weekend since yesterday?
　　あなたは昨日からずっと今週末の予定を考えているのですか。

▶ How long has he been drawing that picture?
　　彼はどのくらいの間あの絵を描き続けているのですか。　　※継続の「期間」をたずねる疑問文

EXERCISES

Hints

1 次の文の下線部を（　　）内の語句にかえて，現在完了進行形の文に書きかえなさい。

(1) I am studying English <u>now</u>.（for two hours）

....

(2) Yuko is reading the book <u>now</u>.（since she got home）

....

1
主語が1人称，2人称，複数のときは have を，それ以外のときは has を用いる。

2 日本語に合うよう，（　　）に適語を書きなさい。

(1) That dog has (　　　　　　) (　　　　　　) for a long time.
　　あの犬は長い時間ずっとほえています。

(2) (　　　　　　) he (　　　　　　) (　　　　　　) for more than two hours? 　彼は2時間以上ずっと走っているのですか。

(3) Miho and I (　　　　　　) (　　　　　　) each other for ten years.
　　美穂と私はお互いを10年以上知っています。

2
(1)「ほえる」＝ bark

(2) 現在完了進行形の疑問文になる。

(3)「知っている」は状態を表す動詞であることに注意。

3 日本語に合うよう，（　　）内の語句を並べかえなさい。

(1) (school festival / discussing / been / our / we've) for an hour.
　　私たちは1時間ずっと学園祭について話し合っています。

.... for an hour.

(2) (you / long / making / have / how / been) cake?
　　あなたはどのくらいの間ずっとケーキを作っているのですか。

.... cake?

3
(1) we've ＝ we have

(2) 継続の期間をたずねる疑問文となる。

辞書で確認しよう　p.30の本文中の語の意味を辞書で調べて書きなさい。

(1) *l.*4 temperature 名（　　　　　　　　　）　(2) *l.*4 degree　名（　　　　　　　　　）

(3) *l.*9 fully　　　　副（　　　　　　　　　）　(4) *l.*11 heavily 副（　　　　　　　　　）

15 どのように過ごしますか？

欧米と日本の文化や風習を比べてみましょう。

読むときのコツ **説明文**

説明文では，項目ごとに内容を比較することがあります。整理しながら読みましょう。表にまとめてみてもよいでしょう。

	in Western countries	in Japan
Christmas	・families celebrate Christmas together	・many couples spend the day together
Valentine's Day	…	…

1 Christmas and Valentine's Day / came to Japan / from Western countries. // Today, / many people in Japan / enjoy them. // But / Japan and Western countries / spend these days / in different ways. //

2 First, / let's think about Christmas. // In Western countries, / families usually celebrate Christmas together. // But in Japan, / Christmas is a kind of romantic day / and many couples spend the day together. //

3 Then, / how about Valentine's Day? // In Western countries, / couples often give presents / such as roses or cards / to each other / and have a romantic dinner / in a restaurant / on that day. // But in Japan, / women often give chocolates / to men. // Surprisingly, / "White Day" is an original Japanese event / **which** is not famous in Western countries. //

4 Japan has taken foreign customs, culture and holidays / and changed them into something unique. // It may be interesting for you / to find some other examples like these. //

(140 words)

(注) ¹Valentine's Day バレンタインデー　⁵celebrate 祝う　⁶romantic ロマンチックな
⁹women 女性(woman)の複数形　¹⁰original 独自の　¹²take 受け入れる　¹²custom 風習
¹²change … into ～ …を～に変える

内容を確認しよう

本文の内容と合っていれば○を，合っていなければ×を（　　）に書きなさい。

(1) In Western countries, Christmas is a romantic day for couples.　（　　）

(2) In Japan, families usually spend Valentine's Day together.　（　　）

(3) "White Day" came from Western countries.　（　　）

(4) Japan has taken Christmas and Valentine's Day and changed them into something unique.　（　　）

文法 のまとめ　関係代名詞

● 関係代名詞で始まるかたまりは，後ろから前の名詞(先行詞)に説明を加える。

(1) **主格の関係代名詞**：関係代名詞で始まるかたまりの中での主語が先行詞となる。

▶ "White Day" is an original Japanese event **which** is not famous in Western countries. 「ホワイトデー」は日本独自の催し物で，西洋の国々では有名ではありません。

(2) **目的格の関係代名詞**：関係代名詞で始まるかたまりの中での目的語が先行詞となる。この関係代名詞は省略することができる。

▶ This is a picture **which** she sent me yesterday.
これは，彼女が昨日私に送ってくれた写真です。

関係代名詞

先行詞	主格	目的格
人	who	that
もの・動物	which	which

＊that は，主格，目的格の両方で，先行詞が何であっても使うことができる。

EXERCISES

Hints

1 次の2文を関係代名詞 who または which を使って1文にするとき，( )に適語を書きなさい。

(1) The curry was good.　Jim cooked the curry.
→ The curry ( ) Jim cooked was good.

(2) The teacher is Mr. Mori.　Mr. Mori teaches us Japanese.
→ The teacher ( ) teaches us Japanese is Mr. Mori.

2 各組の文がほぼ同じ意味を表すよう，( )に適語を書きなさい。

(1) { I know the man standing by the wall.
　　 I know the man ( ) is standing by the wall.

(2) { I like the pictures taken by Tom.
　　 I like the pictures ( ) ( ).

3 日本語に合うよう，( )内の語句を並べかえなさい。

(1) (has / I / the park / yesterday / visited) a big tree.
私が昨日訪れた公園には，大きな木があります。
_____ a big tree.

(2) The classmate (can / is / speak / who / Chinese) Emi.
中国語を話すことができるクラスメートはエミです。
The classmate _____ Emi.

1
2つの文に共通する語句を探し，それが「人」と「もの・動物」のどちらかを確認すること。

2
分詞や関係代名詞は名詞を修飾することができる。
・「座っている少女」
↳ the girl sitting
...
↳ the girl who is sitting ...

(2) 「トムによって撮られた写真」を「トムが撮った写真」と言い換える。

3
(1) 「私が昨日訪れた」が「公園」を修飾する。目的格の関係代名詞は省略されることがある。
(2) 「中国語を話すことができる」が「クラスメート」を修飾する。

辞書で確認しよう　p. 32の本文中の語の意味を辞書で調べて書きなさい。

(1) *l.*3 spend 　動 ( )　　(2) *l.*3 different 　形 ( )

(3) *l.*10 surprisingly 　副 ( )　　(4) *l.*10 event 　名 ( )

ヨウコ（Yoko）がジェスチャーについて意見を述べています。

> 📖 **読むときのコツ** **筆者の意見**
>
> 筆者の意見を述べる文は，次の順で書かれることがよくあります。
> ① 導入（**1**）：読み手の興味を引く文や，筆者の主張
> ② 本文（**2**）：①で主張したことの理由や具体例
> ③ まとめ（**3**）：全体のまとめや，将来への見通しなどのコメント

1 Not only languages but gestures / are important / in our communication. // Gestures make communication easier. // When we communicate with each other, / they often
5 help us. // I'll give you an example. //

2 The other day, / a foreign man spoke to me / in English. // I was nervous / because I wasn't good at English very much. // He asked, / "Could you tell me the way / to the museum?" // Luckily, / I knew the phrase. // I tried to tell him / in easy
10 English, / but he didn't understand me well. // Then / I told him with gestures, / and he soon understood me. // He waved his hand / and went to the museum. //

3 I hear / some gestures are different / from country to country. // Some are very opposite to ours. // So, / if we learn foreign gestures, / we will have better communication / with foreign people. //　　　　　　　　　　　（*131 words*）

(注) ¹gesture 身ぶり，ジェスチャー　⁷nervous 緊張して　⁹luckily 幸運にも　⁹phrase 言い回し
¹¹wave （手を）振る　¹³opposite 正反対の

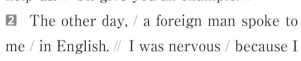

🖊 **内容を確認しよう**

　　本文の内容と合っていれば○を，合っていなければ×を（　　）に書きなさい。
　(1)　Yoko didn't understand what the foreign man said.　　　　（　　　）
　(2)　The foreign man didn't understand Yoko's English at first.　（　　　）
　(3)　The foreign man understood Yoko's gestures.　　　　　　（　　　）
　(4)　Learning foreign gestures is good for better communication with foreign people.　　　　　　　　　　　　　　　　　　　　　　　　（　　　）

● 文の構造：主語をS，動詞をV，補語をC，目的語をOとすると，英語の文は次の5つの文型に分類される。

(1) He went to the museum.　　彼は博物館へ行きました。
　　S　V

(2) I was nervous.　　私は緊張していました。
　　S　V　C

(3) They often help us.　　それらは私たちをよく助けてくれます。
　　S　　　V　O

(4) I'll give you an example.　ひとつ例を挙げましょう。
　　S　V　O　　O

(5) Gestures make communication easier.　ジェスチャーはコミュニケーションをよりたやす
　　S　　V　　　O　　　　C　　くします。

EXERCISES

Hints

1 次の各文の主語に下線を引き，動詞は〇で囲みなさい。

(1) I like music.

(2) We call her Aki.

(3) He became sick.

(4) Birds fly.

(5) My uncle gave me a nice watch.

(6) I am a high school student.

1
文はふつう，「… は[が]」という主語が示され，次に「～する[～である]」という動詞が続く。

2 各組の文がほぼ同じ意味を表すよう，（　　）に適語を書きなさい。

(1) { Tom is a baseball player.
　　{ Tom (　　　　　) (　　　　　).

(2) { Ms. Brown is our English teacher.
　　{ Ms. Brown teaches (　　　　　) (　　　　　).

(3) { We were happy to hear the news.
　　{ The news made (　　　　　) (　　　　　).

(4) { My brother cooked me lunch.
　　{ My brother cooked lunch (　　　　　) (　　　　　).

2
(1) 「野球の選手」ということは「野球をする」ということ。
(2) 「私たちの英語の先生」ということは「英語を私たちに教える」ということ。
(3) 「ニュースが私たちを幸せにした」と考える。
(4) 〈S + cook + A + B〉「SがAにBをつくる」は，〈S + cook + B + for + A〉に書きかえられる。

辞書で確認しよう　p. 34の本文中の語の意味を辞書で調べて書きなさい。

(1) *l.*4 communicate 動（　　　　　　　）　　(2) *l.*5 example 名（　　　　　　　）

(3) *l.*6 foreign　　形（　　　　　　　）　　(4) *l.*9 museum 名（　　　　　　　）

日本人の印象は？

ジャック(Jack)が日本でのホームステイ経験をまとめています。

1 I needed to **know** / **what** Japanese people were like / for my graduation essay, / so I stayed / at a house / in a rural town / in Japan / for a week. //

2 Japanese people are clean freaks. // They take off their
5 shoes / when they go / into their house. // Floors / of houses / in Japan / are kept clean, / so some like / to sit / on a cushion / on the floor / in the living room. //

3 Japanese people are friendly, / too. // During my stay, / I had many chances / to communicate / with local people. // No one looked afraid / of me / and had
10 fun / to talk with me. // Even boys and girls / I didn't know / at all / greeted me / on their way / to school. //

4 As is often said, / Japanese people work / really hard. // My host parents started / to work early / in the morning. // Their sons did their club activities / after school / and studied / at home / till late at night. // I want / to **show my**
15 **younger brother** / **how** diligent they were! //

5 As a result, / I became a big fun / of Japan. // Through this experience, / I **learned** / **that** seeing the world is important / especially for young people. //

(183 words)

(注) ²essay 論文　　⁴clean freak きれい好きな人　　¹²As is often said よく言われることだが
　　　¹⁵diligent 勤勉な

内容を確認しよう

😊 本文の内容と合っていれば○を，合っていなければ×を(　　)に書きなさい。

(1) Jack learned that Japanese people liked to keep things clean. (　　　)

(2) Jack talked with not only his host family but other Japanese people. (　　　)

(3) Many Japanese people were diligent, but sons of the host parents weren't. (　　　)

(4) This homestay experience told Jack good points of his home country. (　　　)

● 名詞節をつくる接続詞：〈that ＋主語＋動詞〉や〈疑問詞＋主語＋動詞〉は名詞節として，動詞の目的語になることができる。

▶ I learned **(that)** seeing the world is important.

私は，世界を知ることは重要だと学びました。　SVO（=that-節）

▶ He told me **that** he had to go home soon.

彼は私に，すぐに家に帰らなければならないと言いました。　SVOO（=that-節）

▶ I needed to know **what** Japanese people were like.

私は，日本人がどのようなものか知る必要がありました。　SVO（= 疑問詞節）

▶ I want to show him **how** diligent they were.

私は彼に彼らがどれだけ勤勉だったか見せたいです。　SVOO（= 疑問詞節）

EXERCISES

Hints

1 日本語に合うよう，（　　）内から適切なものを選びなさい。

(1) We didn't know (this, that) Mike was a baseball fan.

私たちはマイクが野球ファンだと知りませんでした。

(2) I asked my sister (what, where) she would go.

私は妹にどこへ行くつもりかたずねました。

1
(1) 接続詞が入る。

(2) 場所をたずねるときの疑問詞が入る。

2 2つの文がほぼ同じ意味を表すよう，（　　）に適語を書きなさい。

(1) {
I don't know what to do next.

I don't know (　　　　　) (　　　　　　　　) should do next.
}

(2) {
Nancy told me, "Jack is good at singing."

Nancy (　　　　　) me (　　　　　　) Jack was good at singing.
}

2
(1) 主語を用いて「私は何をするべきか」と表す。

(2) SVOO（=that-節）の形

3 日本語に合うよう，（　　）内の語句を並べかえなさい。

(1) (how / tell / will / students / many / join / me) the meeting.

どれくらい多くの学生がその会議に参加するか私に教えて。

_____ the meeting.

(2) (that / is / us / shows / the population of Japan / this graph) becoming　smaller.　このグラフは私たちに，日本の人口が少なくなってきていることを示しています。

_____

_____ becoming smaller.

3
(1) 数をたずねるときは how many を使う。

(2) 「私たちに」が入る場所に注意。

辞書 で 確認 し よう　p. 36 の本文中の語の意味を辞書で調べて書きなさい。

(1) *l.*2 graduation 名 (　　　　　　　　　)　　(2) *l.*2 rural 形 (　　　　　　　　　)

(3) *l.*9 local 形 (　　　　　　　　　)　　(4) *l.*10 greet 動 (　　　　　　　　　)

18 天気がよければなあ…

雨が降る外をジュディ (Judy) が眺めています。

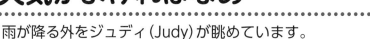

読むときのコツ **仮定法過去**

仮定法過去を使った想定や願望は，それが現実とは異なることを読み取ります。

①現実とは異なる想定（**2**）：「今日が晴れなら」→実際は晴れではない

②現実とは異なる願望（**6**）：「雨がやんでくれたら」→実際は雨がやんでいない

---

1 *Judy's mother:* Judy, / you look bored. //

2 *Judy:* Yes, mom. // My friends and I were planning / to go cycling today. // But it's been raining / heavily. // So we gave up our plan. // If it

5 were sunny today, / I could enjoy a holiday. //

3 *Judy's mother:* Oh, / how unlucky! // Where were you going? //

4 *Judy:* To Big Nose Hill. // We were going / to have lunch / at the restaurant / on the top / of the hill. //

5 *Judy's mother:* Judy, / shall we eat out / for lunch? // A new Italian restaurant

10 opened / along Route 22 / the other day. // I heard / its pasta and banana cake were delicious. //

6 *Judy:* Thanks, mom. // But I don't want / to go out / in this bad weather. // I wish / it would stop raining. //

7 *Judy's mother:* The weather forecast said / the rain would slow down / before

15 noon. // Then, / let's go to the restaurant / by car! // *(128 words)*

(注) ⁶How unlucky! 残念ですね。　⁹Italian イタリア料理の　¹⁰Route 街道

内容を確認しよう

次の文は上の対話文の内容をまとめたものです。日本語で（　）に適語を書き，文章を完成させなさい。

ジュディは今日，友達と（①　　　　　　　）をする予定だったが，雨のためその計画を取りやめた。それを聞いた彼女のお母さんは，イタリア料理のレストランに（②　　　　　）を食べに行こうと誘ったが，悪天候のため，ジュディは乗り気ではなかった。するとお母さんは，天気予報では（③　　　　　）前には雨が弱まるので，（④　　　　　　　）でレストランに行こうと改めて誘った。

文法 のまとめ　仮定法過去

⬤ **仮定法過去**：〈If ＋主語＋(助)動詞の過去形，主語＋助動詞の過去形＋動詞の原形〜〉で「もし…なら，〜なのに」と現実とは異なる想定を表す。

　▶ If it **were** sunny today, I **could** enjoy a holiday.
　　もし今日が晴れなら，私は休日を楽しめるのに。

　▶ If I **could** sing better, I **would** join the contest.
　　もし私がもっと上手に歌えたら，そのコンテストに参加するのに。

⬤ **I wish ＋仮定法過去**：〈I wish ＋主語＋(助)動詞の過去形 ...〉で「…ならなあ」と，現実とは異なる願望を表す。

　▶ I wish Mike **were** my teammate.　　マイクがチームメイトならなあ。
　▶ I wish it **would** stop raining.　　雨がやんだらなあ。

EXERCISES ▶

🔘 Hints

1 次のそれぞれの文を，(1)は現実とは異なる想定の文に，(2)は現実とは異なる願望の文になるように，(　　)に適語を書きなさい。

(1) 【現実】I am not you, so I can't play the piano.

　→If I (　　　　　　) you, I (　　　　　　　　) play the piano.

(2) 【現実】I want to go to swim with Meg, but she can't swim.

　→I wish Meg (　　　　　　) (　　　　　　　).

2 日本語に合うよう，(　　)に適語を書きなさい。

(1) If Jack (　　　　　　) in Japan, I (　　　　　　　) often see him.
　もしジャックが日本に住んでいるなら，私はひんぱんに彼に会うのに。

(2) I (　　　　　　) I (　　　　　　) speak Chinese.
　中国語が話せたらなあ。

(3) If I (　　　　　　) a bird, I (　　　　　　) see my town from the sky.　もし私が鳥だったら，空から自分の町を見られるのに。

3 日本語に合うよう，(　　)内の語句を並べかえなさい。

(1) (had / wish / hours / a day / thirty / I).　1日が30時間だったらなあ。

_____

(2) (if / I / could / had / Emi / call / I) my smartphone with me now.
　もし私が今，自分のスマートフォンを持っていれば，エミに電話できるのに。

_____
　　　　　　　　　　　　　　　my smartphone with me now.

1

(1) 「もし私があなたなら…」という想定において，可能なことは？

(2) 「私」がメグと一緒に泳ぎに行くために必要なことは？

2

(1) 「会うのに」は，主語の意志を表す。

(2) 実際は，中国語が話せないことをおさえる。

(3) 最初の空所にはbe-動詞が入る。

3

(1) had の主語が何であるかに注意。

(2) 〈主節＋条件節〉の順になる。

辞書 で 確認 しよう　p. 38の本文中の語の意味を辞書で調べて書きなさい。

(1) *l.*1 bored 　形 (　　　　　　　)　　(2) *l.*7 hill 　名 (　　　　　　　)

(3) *l.*10 along 　前 (　　　　　　　)　　(4) *l.*14 forecast 名 (　　　　　　　)

語形変化のまとめ

● -s [-es] のつけ方（3人称・単数・現在）

	つけ方	例
ふつう	s をつける	buy ➡ buys / like ➡ likes
語尾が s, sh, ch, o, x	es をつける	wash ➡ washes / go ➡ goes
語尾が〈子音字＋y〉	y を i にかえて es をつける	cry ➡ cries / study ➡ studies
その他	do ➡ does / have ➡ has　など

● 規則動詞の過去形・過去分詞形のつくり方

	つけ方	例
ふつう	ed をつける	stay ➡ stayed / open ➡ opened
語尾が e	d をつける	close ➡ closed / use ➡ used
語尾が〈子音字＋y〉	y を i にかえて ed をつける	cry ➡ cried / try ➡ tried
その他	文字を重ねて ed をつける	stop ➡ stopped / plan ➡ planned

● 動詞の～ing 形のつくり方

	つけ方	例
ふつう	そのまま ing をつける	fall ➡ falling
語尾が e	e をとって ing をつける	make ➡ making
語尾が ie	ie を y にかえて ing をつける	die ➡ dying
その他	文字を重ねて ing をつける	cut ➡ cutting

● 比較級・最上級のつくり方

	比較級	最上級	例
ふつう	er をつける	est をつける	high - higher - highest
語尾が e	r をつける	st をつける	cute - cuter - cutest
語尾が〈子音字＋y〉	y を i にかえて er をつける	y を i にかえて est をつける	easy - easier - easiest
big, hot など	文字を重ねて er をつける	文字を重ねて est をつける	big - bigger - biggest
長い形容詞・副詞	more ＋原級	most ＋原級	popular - more popular - most popular